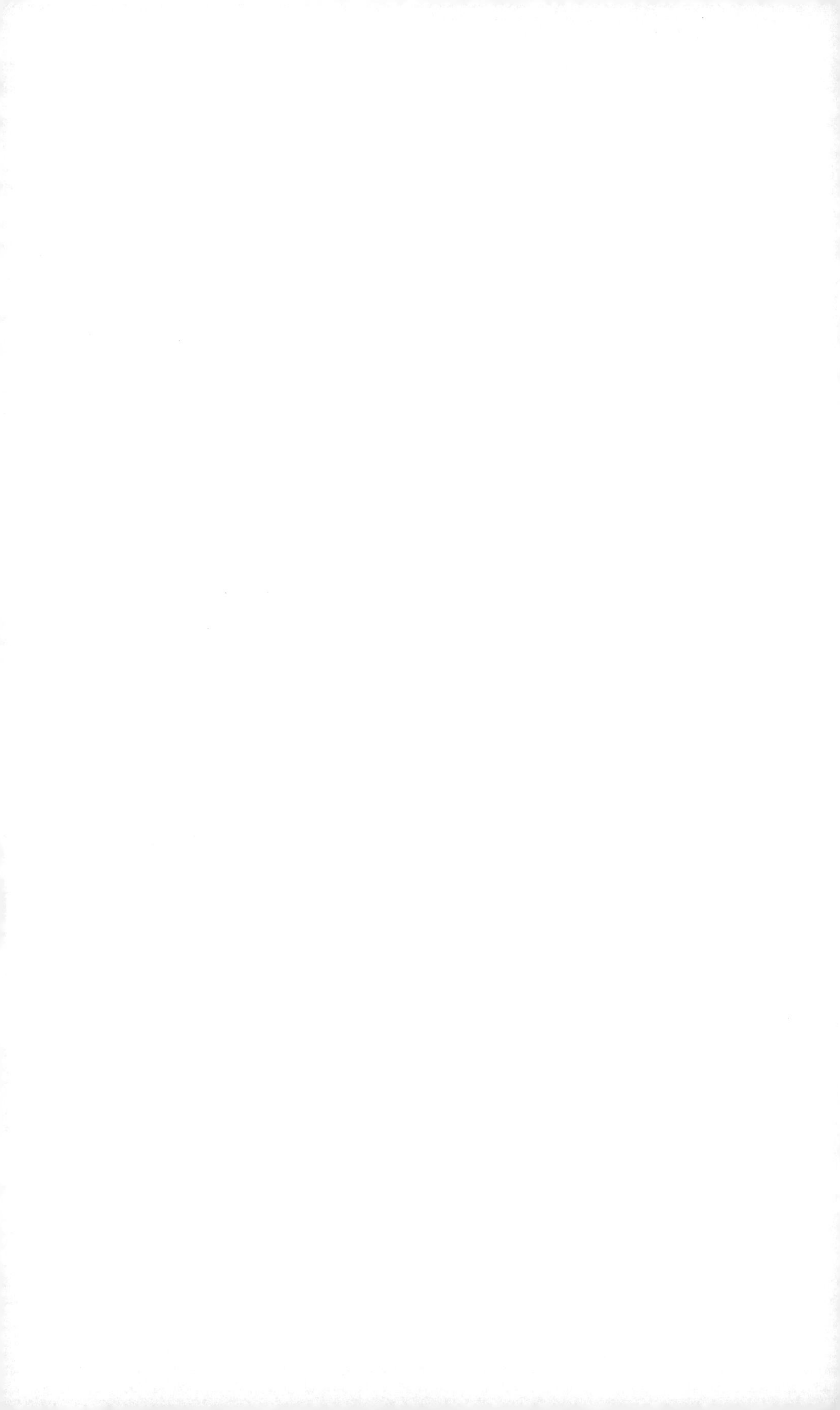

26 mai 1911

VENTE

Du Vendredi 26 Mai 1911

HÔTEL DROUOT, SALLE N° 11

A DEUX HEURES ET DEMIE

EXPOSITION PUBLIQUE

Le Jeudi 25 Mai 1911

BELLES DENTELLES

ANCIENNES

Flandres, Angleterre, Alençon, Venise, etc., etc.

SOIERIES, BRODERIES

BIJOUX

COMMISSAIRE-PRISEUR

Me E. BOUDIN

EXPERT

M. R. BLÉE

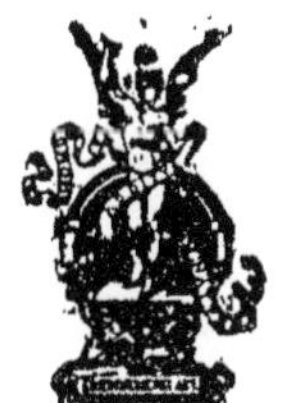

CATALOGUE

DES

BELLES DENTELLES

ANCIENNES

COUPES, VOLANTS, ENTRE-DEUX

DE

Flandres, Angleterre, Alençon, Burano, Venise

MOUCHOIRS, COLS, FICHU, VOILES

CHASUBLES, CHAPE, SOIERIES ANCIENNES

BRODERIES

SUR TOILE ET SUR SOIE

ÉVENTAILS, OMBRELLES, ETC.

BIJOUX

DONT LA VENTE AUX ENCHÈRES PUBLIQUES AURA LIEU

HOTEL DROUOT, SALLE N° 11

LE VENDREDI 26 MAI 1911

à 2 heures 1/2

Me E. BOUDIN
COMMISSAIRE-PRISEUR
14, rue Grange-Batelière

M. R. BLÉE
EXPERT
53, rue de Châteaudun

EXPOSITION PUBLIQUE

Le Jeudi 25 Mai 1911, de deux heures à six heures

CONDITIONS DE LA VENTE

Elle sera faite au comptant.

Les adjudicataires paieront *dix pour cent* en sus des enchères.

L'exposition mettant le public à même de se rendre compte de l'état et de la nature des objets, aucune réclamation ne sera admise une fois l'adjudication prononcée.

NOTA. — M. Blée, expert, se charge de remplir les commissions d'achats pour les personnes qui ne pourraient assister à la vente.

Paris. — Imp. de l'Art, CH. BERGER, 41, rue de la Victoire

DÉSIGNATION

ÉVENTAILS, OMBRELLES

1 à 8 — Huit petits éventails en corne naturelle ou teintée, à ornements peints ou repercés.

8 *bis* — Petit éventail en os repercé.

9 — Petit éventail en os et feuille de tulle à motif fleuri pailleté.

10 — Éventail en bois de santal et feuille décorée à l'aquarelle de paysage, contenu dans un étui en soie brodé de fleurs et volatiles. Travail chinois.

11 — Éventail en os repercé, décoré de motifs peints et orné d'une feuille décorée en camaïeu rose. Époque Louis XV.

12 — Éventail en os repercé, à feuille décorée de motif dans le goût chinois. Époque Louis XV.

13 — Éventail en ivoire repercé et appliqué d'argent, décor de fleurs et de personnages, à feuille ornée d'une scène représentant le Serment d'amour. Époque Louis XVI.

14 — Éventail en ivoire appliqué d'argent, à feuille gouachée montrant des personnages dans un parc. Époque Louis XVI.

15 — Deux petites ombrelles marquises en Chantilly et Cambrai.

16 — Ombrelle marquise en soie noire brodée de fleurs.

17 — Deux ombrelles marquises en soie.

18 — Deux ombrelles marquise en Chantilly noir.

19 — Petite pendulette en ivoire et bronzes ciselés et dorés.

BANDEAUX, NAPPES

NAPPERONS, FILETS ET TOILES BRODÉES

20 — Bandeau Paraguay.

21 — Bandeau, filet rebrodé.

22 — Bandeau, filet rebrodé.

23 — Bandeau, fils tirés, ancien. — 2 m. 35 cent.

24 — Napperon à entre-deux, filet brodé bis et bleu.

25 — Napperon toile, encadrement Venise et effilés.

26 — Napperon, encadrement et incrustation filet.

27 — Nappe d'autel, bande de carrés filet et broderie.

28 — Chemin de table toile, à encadrement et incrustation filet, entouré dentelle Venise.

29 — Bandeau à dents en vieux filet. — 1 m. 90 cent.

30 — Bandeau, vieux filet rebrodé.

31 — Bandeau, formé de carrés vieux filet, animaux ou personnages, et de carrés broderie anglaise.

32 — Bandeau, formé de carrés vieux filet, animaux ou personnages, et de carrés broderie anglaise.

33 — Bandeau, formé de carrés vieux filet, animaux ou personnages, et de carrés broderie anglaise.

34 — Bandeau, formé de carrés en vieux filet, animaux ou personnages, et de carrés en broderie anglaise.

35 — Bandeau, formé de carrés en vieux filet, animaux ou personnages, et de carrés en broderie anglaise.

36 — Bande de fils tirés en soie et toile. XVIIe siècle.

37 à 48 — Douze bandeaux de filets anciens. XVIIe et XVIIIe siècles.

49 — Deux fragments de filets à personnages. XVIe siècle.

BRODERIES

50 — Peplum en crêpe de soie, brodé de fleurs sur le bord.

51 — Crêpe de Chine à longs effilés, à fond noir brodé de fleurs.

52 — Crêpe de Chine à longs effilés, de ton crème brodé de fleurs.

53 — Deux draps en toile brodée de personnages ou de fleurs. XVIIIe siècle.

54 — Deux robes de baptême, brodées sur mousse line.

55 — Gilet brodé de paillettes d'argent. XVIIIe siècle.

56 — Gilet en faille crème, brodé au point de chaînette d'entrelacs et de fleurs. XVIIIe siècle.

57 — Habit en drap marron, brodé en soie de couleurs de fleurs diverses. XVIIIe siècle.

58 — Bandeau de broderies de soie et d'argent appliqué sur un velours rouge.

59 — Bandeau de soie rouge brodé au point de chaînette et appliqué de rubans et de paillettes formant un dessin courant de fleurs et enroulements. XVIIIe siècle.

60 — Tapis en broderie de Boukhara.

61 — Beau tapis entièrement brodé de rinceaux et de fleurs sur fond gros bleu. Travail persan.

62 — Deux coffrets en bois sculpté et écaille appliqué d'argent. XVIIe siècle.

SOIERIES

63 — Deux sachets soierie. Époque Louis XVI.

64 — Lé de satin gris perle à rayures et bouquets brochés. XVIIIe siècle.

65 — Soierie vieux rose, fond à chevrons orné de bouquets de fleurs et rubans brochés. Époque Louis XV.

66 — Soierie vieux rose, à petites rayures, bouquets et rubans brochés. XVIIIe siècle.

67 — Chasuble soierie vieux rose, à bouquets brochés. XVIIIe siècle.

68 — Soierie vieux rose, à rayures et à bouquets brochés. XVIIIe siècle.

69 — Soierie à rayures bleues et blanches et fleurettes. Époque Louis XVI.

70 — Soierie à rayures bleues et blanches et bouquets de roses et treillis. Époque Louis XVI.

71 — Chasuble soierie violette, à rayures et bouquets, galon de métal. XVIIIe siècle.

72 — Chasuble soierie verte, à rayures ton sur ton et bouquets. XVIIIe siècle.

73 — Chape et chaperon soierie crème, à fond moiré d'argent à rayures et bouquets brochés. Époque Louis XVI.

74 — Chape en soie brochée, à grosses fleurs; galon et frange métalliques. XVIIe siècle.

75 — Soierie vieux rose, à rayures, ornée de bouquets de fleurs brochées. Époque Louis XVI.

76 — Robe de faille moirée mauve, à larges rayures blanches et bouquets brochés. Directoire.

77 — Robe et corsage, soie vert d'eau, à bouquets et rubans brochés et lamés et galon métal. Époque Louis XV.

MOUCHOIRS, CRAVATES

COLS, VOILES

78 — Mouchoir en Alençon.

79 — Deux mouchoirs richement brodés de fleurs et garnis Valenciennes.

80 — Cinq petits mouchoirs linon brodé à fleurs et à jours.

81 — Quatre mouchoirs richement brodés fleurs et jours, dont deux garnis de Valenciennes.

82 — Cravate en dentelle de Binche. XVIIIe siècle.

83 — Barbe en vieil Angleterre. XVIIIe siècle.

84 — Barbe en dentelle d'Alençon, du temps de Louis XVI.

85 — Grand col application, à décor de médaillon et bouquets.

86 — Fichu en Malines, à bouquets de fleurs et palmettes.

87 — Cravate en Valenciennes.

88 — Col en point à l'aiguille, à décor de fleurs.

89 — Voile tulle brodé.

90 — Voile mousseline brodée semis, entouré Valenciennes.

91 — Voile tulle brodé rinceaux fleuris.

DENTELLES

FLANDRES, ANGLETERRE, VENISE, ALENÇON

92 — Sous ce numéro, dentelles diverses en petites coupes. (Sera divisé.)

93 à 101 — Suite de dix coupes de vieil Angleterre, Malines, etc. — 2 m. 10 cent.; 2 m. 90 cent.; 5 mètres; 3 m. 60 cent.; 3 m. 35 cent; 2 m. 75 cent.; 1 m. 10 cent.; 3 m. 90 cent.; 4 m. 05 cent.; 1 m. 45 cent.

105 — Volant de blonde à fleurs. — 5 métres.

106 — Volant en vieux Milan, à rinceaux et ornements. — Haut., 80 cent.; long., 3 mètres.

107 — Bandeau de vieux Milan à rinceaux. — Haut., 40 cent.; long., 2 m. 70 cent.

108 — Volant d'application de Bruxelles. — Haut., 45 cent.; long., 4 m. 80 cent.

109 — Coupe d'application d'Angleterre. — Haut., 10 cent.; long., 6 mètres.

110 — Entre-deux de vieux Milan à rinceaux et fleurs. — Haut., 20 cent.; long., 1 m. 50 cent.

111 à 114 — Quatre coupes de dentelle d'Alençon ou point de France. XVIIIe siècle. — 40 cent.; 2 m. 95 cent.; 3 m. 95 cent.

115 — Trois coupes dentelle d'Alençon, du XVIIIe siècle. — 2 m. 10 cent.; 1 m. 70 cent.; 1 m. 45 cent.

116 — Coupe de dentelle d'Alençon du temps de Louis XV. — Haut., 7 cent.; long., 7 mètres.

117 — Coupe de dentelle d'Alençon du temps de Louis XV. — Haut., 5 cent.; long., 3 m. 90.

118 — Coupe de vieil Angleterre. XVIIIe siècle.

119 — Entre-deux d'ancien Venise, à rinceaux et motifs fleuris. — Haut., 29 cent.; long., 3 m. 70 cent.

120 — Coupe de dentelle de vieux Venise, à dents. — Haut., 1 m. 85 cent.

121 — Beau volant en points de Burano. — Haut., 30 cent.; long., 4 m. 70.

122 — Petit volant en point de Burano, assorti au précédent. — Haut., 12 cent.; long., 5 m. 60 cent.

123 — Trés important volant en vieux Flandre, décor de fleurs et de guirlande à jour. — Haut., 50 cent.; larg., 7 m. 35 cent.

124 — Volant en Alençon, à bouquets de fleurs. XVIIIe siècle. — Haut., 7 cent.; long., 5 m. 10 cent.

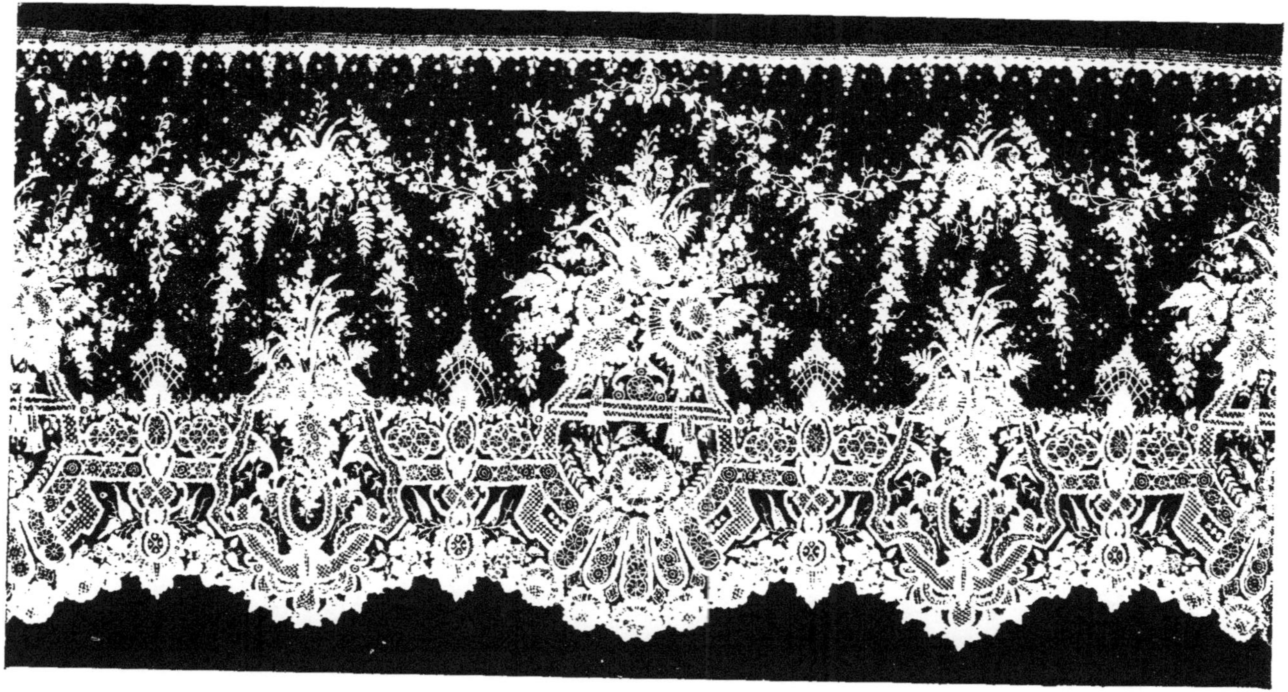

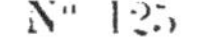

N° 125

125 — Très important volant de bel Alençon, orné de larges bouquets de fleurs, de guirlandes fleuries, ainsi que de médaillons et de motifs décorés de roses alternant dans les dents.

Deux coupes : Haut., 40 cent.; long., 5 m. 80 cent.
— Haut., 40 cent.; long., 3 m. 5 cent.

126 — Volant d'Alençon, à motifs fleuris, assorti au précédent.

Deux coupes : Haut., 16 cent.; long., 95 cent.
— Haut., 16 cent.; long., 95 cent.

127 — Volant d'Alençon, à motifs fleuris, assorti au précédent. — Haut., 10 cent.; long., 2 m. 90 cent.

127 *bis* — Écharpe en vieil Angleterre, à dessin fleuri.

BIJOUX

128 — Boucle de ceinture en acier poli à pointes de diamants.

129 — Médaillon en or, monté d'un camée sur agate, montrant un profil de jeune femme entouré de demi-perles fines.

130 — Petite montre de dame en or gravé, appliquée au revers d'un petit émail peint, montrant un portrait de jeune femme. Époque Louis XVI.

131 — Châtelaine en cuivre ciselé et doré, ornée d'un émail peint et de strass. Époque Louis XVI.

132 — Châtelaine en or et argent doré, ornée de petits sujets peints en miniature et de plaques de cristal bleu de France, ornées d'appliques fleuries en argent à petites perles fines. Style Louis XVI.

133 — Châtelaine en or ciselé, ornée des attributs de l'amour, de guirlandes et d'entrelacs en or jaune. Époque Louis XVI. Spatule en argent doré.

134 — Bague-marquise en or et platine, pavée de brillants.

135 — Bague-barrette en or et platine, ornée de trois brillants et quatre petits sur le corps.

136 — Broche en or, en forme de feuilles de marronniers, ornée d'une pierre verte et brillants.

137 — Paire de brillants-solitaires, montés en or et platine.

138 — Sous ce numéro, objets omis au présent catalogue.

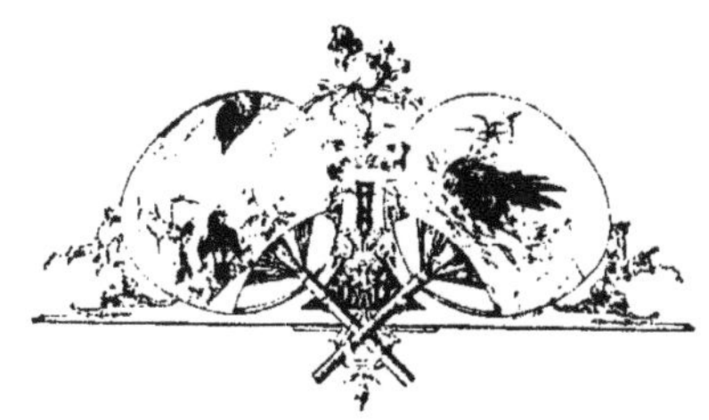

www.ingramcontent.com/pod-product-compliance
Ingram Content Group UK Ltd.
Pitfield, Milton Keynes, MK11 3LW, UK
UKHW020538180726
13839UKWH00006B/2585